FOLIO CADET

Traduit du danois
par P. G. La Chesnais

H. C. Andersen

Le rossignol de l'empereur de Chine

illustré par Georges Lemoine

GALLIMARD JEUNESSE

Vous savez bien qu'en Chine l'empereur est chinois, et tous ceux qu'il a autour de lui sont chinois. L'histoire est fort ancienne, mais c'est précisément pourquoi il vaut la peine de l'écouter, avant qu'elle soit oubliée. Le château de l'empereur était le plus magnifique du monde, entièrement en porcelaine fine, si précieuse, mais si fragile, et que l'on ne peut toucher sans grande précaution. Dans le jardin on voyait les fleurs les plus merveilleuses, et aux plus magnifiques étaient attachées des clochettes d'argent qui sonnaient, afin que l'on ne passât pas sans remarquer la fleur. Oui, tout, dans le jardin de l'empereur, était calculé, et il s'étendait si loin que le jardinier lui-même n'en connaissait pas le bout ; si l'on continuait à marcher, on arrivait dans une forêt ravissante avec de grands arbres et des lacs profonds. La forêt descendait jusqu'à la mer, qui était bleue et profonde ; de grands vaisseaux pouvaient s'avancer jusque sous les branches, et dans ces branches habitait un rossignol qui chantait avec un tel charme que même le pauvre pêcheur, qui avait bien autre chose à faire, demeurait immobile à écouter, lorsqu'il était dehors, la nuit, pour tirer ses filets, et qu'il entendait le rossignol. « Bon Dieu, que c'est beau », disait-il, mais il devait s'occuper de sa besogne et oublier l'oiseau ; pourtant, la nuit suivante, quand le rossignol chantait de nouveau, et que le pêcheur était revenu, celui-ci disait encore : « Bon Dieu, que c'est beau ! »

De tous les pays du monde venaient des voyageurs pour visiter la ville de l'empereur, et ils admiraient la ville, le château et le jardin, mais quand ils entendaient le rossignol, tous ils disaient : « Voilà tout de même ce qui est le mieux ! »

Et les voyageurs en parlaient à leur

retour, et les savants écrivirent de nombreux livres sur la ville, le château et le jardin, mais ils n'oublièrent pas le rossignol, et le mirent au-dessus de tout le reste ; et ceux qui savaient écrire des vers composèrent des poèmes exquis, tous sur le rossignol de la forêt sise au bord de la mer profonde.

Ces livres parcoururent le monde, et plusieurs parvinrent jusqu'à l'empereur. Assis sur son fauteuil d'or, il lisait indéfiniment, approuvait de la tête à chaque instant, car il avait plaisir à lire les superbes descriptions de la ville, du château et du jardin. « Mais le rossignol est tout de même ce qui est le mieux », disait le livre.

« Qu'est-ce que c'est que ça ? dit l'empereur. Le rossignol ! Je ne le

connais pas du tout. Existe-t-il un pareil oiseau dans mon empire ? Et dans mon jardin, par-dessus le marché ! Jamais je n'en ai entendu parler. Dire qu'on peut apprendre un tel fait par la lecture ! »

Et il fit venir son chevalier d'honneur, homme si distingué que si quelqu'un d'une condition inférieure

à la sienne osait lui adresser la parole, ou poser une question, il répondait seulement « P ! », ce qui ne signifie rien.

– Il paraît qu'il y a ici un très merveilleux oiseau qui s'appelle rossignol, dit l'empereur. On dit que c'est ce qu'il y a de mieux dans mon grand empire. Pourquoi ne m'en a-t-on jamais rien dit ?

– Je ne l'ai jamais entendu nommer, dit le chevalier. Il n'a jamais été présenté à la cour.

– Je veux qu'il vienne ici ce soir et chante devant moi, dit l'empereur. Le monde entier sait ce que j'ai, et moi, je ne le sais pas !

– Je ne l'ai jamais entendu nommer, dit le chevalier, je le chercherai, je le trouverai.

Mais où pouvait-on le trouver ? Le chevalier monta et descendit en hâte tous les escaliers, traversa les salles et les couloirs, il ne rencontra personne qui eût entendu parler du rossignol, et le chevalier retourna auprès de l'empereur, et dit que cela devait être sûrement une fable inventée par les gens qui écrivent des livres.

– Votre Majesté Impériale ne doit pas croire à ce que l'on écrit. Ce sont des fantaisies que l'on appelle la magie noire.

– Mais le livre où je l'ai lu, dit l'empereur, m'a été envoyé par le puissant empereur du Japon, cela ne peut donc pas être faux. Je veux entendre le rossignol. Il faut qu'il soit ici ce soir, je lui accorde mes plus hautes faveurs, et s'il ne vient pas, toute la cour recevra des coups sur le ventre après le dîner.

– Tsing-pe ! dit le chevalier, et de nouveau il monta et descendit en hâte tous les escaliers, traversa les salles et les couloirs ; et la moitié des courtisans coururent avec lui, car ils voulaient éviter de recevoir des coups sur le ventre. Ils s'enquéraient partout du merveilleux rossignol qui était connu du monde entier, mais de personne à la cour. Enfin ils rencontrèrent une pauvre petite fille à la cuisine, qui dit :

– Oh, Dieu ! le rossignol ! Je le connais bien. Ah oui, qu'il sait chanter ! Tous les soirs on me permet de porter quelques restes de la table à ma mère malade qui habite sur la côte, et quand je reviens, je suis lasse et me

repose dans la forêt, et j'écoute le chant du rossignol. Et j'en ai les larmes aux yeux, c'est comme si ma mère me donnait un baiser !

– Petite aide de cuisine, dit le chevalier, je vous donnerai une charge de titulaire à la cuisine et le droit de voir manger l'empereur, si vous nous conduisez au rossignol, car il est convoqué pour ce soir.

Et ils s'en allèrent dans la forêt, où le rossignol avait l'habitude de chanter ; la moitié de la cour en était. En route, une vache se mit à beugler.

– Oh, dit l'un des gentilshommes de la cour, le voilà ! C'est curieux, la force que possède un si petit animal. Je l'ai entendu déjà, sûrement.

– Non, ce sont les vaches qui

beuglent, dit la petite aide de cuisine, nous sommes encore loin de l'endroit.

Les grenouilles coassèrent dans le marais.

– Charmant ! dit le chapelain chinois du château, je l'entends maintenant, c'est comme de petites cloches d'église.

– Non, ce sont les grenouilles, dit

la petite aide de cuisine. Mais je crois que nous ne tarderons pas à l'entendre.

Et le rossignol se mit à chanter.

– Le voilà, dit la fillette. Écoutez, écoutez ! Il est là !

Et elle désigna un petit oiseau gris dans les branches.

– Est-il possible ! dit le chevalier. Je

ne me le serais jamais représenté ainsi. Quel air commun il a ! Sans doute a-t-il perdu sa couleur à voir tant de gens de haut rang qui viennent le voir !

– Petit rossignol, cria très haut la petite aide de cuisine, notre gracieux empereur voudrait que tu chantes pour lui.

– Avec le plus grand plaisir, dit le rossignol, et il chanta d'une façon ravissante.

– C'est comme des clochettes de verre, dit le chevalier, et regardez-moi son petit gosier, comme il s'agite ! C'est singulier que nous ne l'ayons jamais entendu encore. Il aura un grand succès à la cour.

– Faut-il que je chante encore une fois pour l'empereur ? demanda le rossignol, qui croyait que l'empereur était là.

– Mon excellent petit rossignol, dit le chevalier, j'ai grande joie à vous convoquer à une fête de la cour, ce soir, où vous ravirez Sa Majesté Impériale par vos chants délicieux.

– La verdure est ce qui leur convient le mieux, dit le rossignol.

Mais il consentit volontiers à venir, puisque l'empereur le désirait.

On procéda au grand nettoyage du château. Murs et sols, qui étaient en porcelaine, brillaient à la lumière de milliers de lampes ; les plus jolies fleurs, aux clochettes sonnantes, étaient placées dans les couloirs ; on courait, il y avait des courants d'air, et toutes les pendules se mirent justement à sonner, on ne pouvait s'entendre.

Au milieu de la grande salle où était assis l'empereur, on avait disposé un perchoir d'or, où devait se placer le rossignol ; toute la cour était là, et l'on avait permis à la petite aide de cuisine de se tenir derrière la porte, maintenant qu'elle avait le titre de vraie cuisinière. Tout le monde avait revêtu

ses plus beaux atours, et tout le monde regardait le petit oiseau gris.

Et le rossignol chanta si bien que l'empereur en eut les larmes aux yeux, les pleurs lui coulaient sur les joues, et alors le rossignol chanta encore mieux, son chant vous prenait au cœur ; et l'empereur fut enchanté, il dit que le rossignol aurait sa pantoufle d'or à porter autour du cou. Mais le rossignol remercia, il était déjà suffisamment récompensé.

– J'ai vu des larmes dans les yeux de l'empereur, c'est pour moi le plus précieux trésor. Les larmes d'un empereur ont un merveilleux pouvoir. Je suis assez récompensé, Dieu le sait !

Et il chanta de nouveau, de sa voix délicieusement pure.

– C'est la plus gracieuse coquetterie que je sache, dirent les dames çà et là. Et elles prirent de l'eau dans leur bouche pour glouglouter quand on leur parlait ; elles croyaient ainsi être un peu rossignol ; même les laquais et les filles de chambre se déclarèrent satisfaits, et c'est beaucoup dire, car ils sont les gens les plus difficiles à contenter. Oui, vraiment, le rossignol eut du succès.

Il devait désormais rester à la cour, avoir sa cage à lui, plus la liberté de sortir deux fois par jour et une fois la nuit. Il eut douze serviteurs qui ne lâchaient pas les fils de soie attachés à sa patte. La promenade n'était pas agréable du tout dans ces conditions.

Toute la ville parlait du merveilleux oiseau, et quand deux personnes

se rencontraient, l'une n'avait qu'à dire : « Ross… ! », l'autre répondait : « gnol ! », et les deux soupiraient et se comprenaient. Onze enfants de charcutiers reçurent même le nom de l'oiseau, bien que pas un d'entre eux n'eût la moindre note dans la gorge.

Un jour parvint à l'empereur un gros paquet sur lequel était écrit : Rossignol.

– Voilà un nouveau livre sur notre célèbre oiseau, dit l'empereur.

Mais ce n'était pas un livre, c'était une mécanique déposée dans une boîte, un rossignol-automate qui était censé ressembler à l'animal vivant, mais était tout chamarré de diamants, de rubis et de saphirs ; aussitôt que l'on avait remonté le mécanisme, l'oiseau artificiel pouvait chanter l'un des morceaux du vrai, sa queue montait et descendait, et il étincelait d'argent et d'or. Il portait autour du cou un petit ruban où était écrit : « Le rossignol de l'empereur du Japon est médiocre en comparaison de celui de l'empereur de Chine. »

– C'est charmant, dirent-ils tous, et celui qui avait apporté l'oiseau artificiel reçut aussitôt le titre de grand colporteur impérial de rossignols.

– Maintenant, il faut qu'ils chantent ensemble, quel duo ça fera !

Et ils durent chanter ensemble, mais ça ne marchait pas très bien, car le vrai rossignol chantait à sa façon, et l'oiseau mécanique chantait des valses.

– Ce n'est pas sa faute, dit le maître de musique, il est très rythmé, et tout à fait de mon école.

L'oiseau artificiel dut donc chanter seul. Il obtint un aussi grand succès que le vrai, et il était d'ailleurs bien plus agréable à regarder : il resplendissait comme un bracelet ou une broche.

Trente-trois fois il chanta le même morceau, et il n'en était pas fatigué,

les gens l'auraient écouté volontiers encore, mais l'empereur fut d'avis que le rossignol vivant pourrait bien chanter un peu à son tour… mais où était-il ? Personne n'avait remarqué qu'il s'était envolé par la fenêtre ouverte vers sa verte forêt.

– Comment ça se fait-il ? dit l'empereur.

Et tous les courtisans de trouver que

c'était vilain, et que le rossignol était un animal ingrat. « Mais nous avons, du moins, le meilleur oiseau », dirent-ils, et l'automate dut chanter encore, et ce fut la trente-quatrième fois qu'ils entendirent le même morceau, mais ils ne le savaient pas encore tout entier, car il était très difficile, et le maître de musique loua extrêmement l'oiseau, assura même qu'il était meilleur que le vrai rossignol, non seulement par sa robe et ses nombreux et superbes diamants, mais aussi dans son for intérieur.

– Car voyez-vous, messeigneurs, et vous, avant tous, ô empereur, avec le vrai rossignol on ne peut jamais prévoir ce qui va suivre, tandis que chez l'oiseau artificiel tout est déterminé ; ce sera ainsi et pas autrement ; on peut s’en rendre compte, on peut découdre l’oiseau et montrer la conception humaine, voir où sont les valses, comment elles vont et comment elles s’enchaînent…

– C’est tout à fait ce que je pense ! dirent-ils tous.

Et le maître de musique fut autorisé à présenter l’oiseau au peuple le dimanche suivant ; le peuple devait aussi l’entendre, dit l’empereur ; et le peuple l’entendit, et fut content, il eut la même gaieté qu’il éprouve à boire du thé, ce qui est tout à fait chinois, les gens levèrent le doigt qui sert à licher, et hochèrent la tête ; mais les pauvres pêcheurs qui avaient entendu le vrai rossignol dirent : « Le son est assez joli, et ça ressemble, mais il y a je ne sais quoi qui manque. »

Le vrai rossignol fut banni du pays et de l'empire.

L'oiseau mécanique avait sa place sur un coussin de soie à côté du lit de l'empereur ; tous les cadeaux qu'il avait reçus, or et pierres précieuses, étaient disposés autour de lui, et il avait reçu le titre de grand chanteur de la table de nuit impériale, et son rang

était numéro un à gauche, car l'empereur estimait le plus distingué le côté où se trouve le cœur, et le cœur est à gauche, même chez un empereur. Et le maître de musique écrivit vingt-cinq volumes sur l'oiseau mécanique, long ouvrage très savant, tout plein des mots chinois les plus difficiles, en sorte que tout le monde disait l'avoir lu et compris, car sans cela ils auraient été bêtes et auraient reçu des coups sur le ventre.

Une année entière se passa ainsi. L'empereur, la cour et tous les autres Chinois savaient par cœur le moindre gloussement du chant de l'oiseau mécanique, et précisément pour cette raison ils en étaient désormais entichés ; ils pouvaient chanter eux-mêmes avec lui, et n'y manquaient pas. Les gamins des rues chantaient « zizizi ! klouk-kloukklouk ! » et l'empereur aussi… Oh, c'était charmant !

Mais un soir, comme l'oiseau mécanique chantait de son mieux, et que l'empereur, couché dans son lit, l'écoutait, il y eut un bruit à l'intérieur de l'oiseau : « Tioup ! » Un ressort s'était décroché, puis : « Brr… », toutes les roues tournèrent, et la musique s'arrêta.

L'empereur sauta de son lit et fit appeler son médecin, mais que pouvait-il y faire ? On envoya donc chercher l'horloger, et après beaucoup de paroles et un long examen, il remit l'oiseau à peu près en état, mais dit qu'il fallait beaucoup le ménager, car les pivots y étaient très usés, et il

n'y avait pas moyen de les remplacer de façon à faire marcher la musique. Ce fut un vrai chagrin ; on ne devait faire chanter l'oiseau qu'une fois par an, et encore, tout au plus ! Mais le maître de musique prononça un petit discours plein de ses mots difficiles, et dit que tout était aussi bien qu'auparavant, et tout fut donc aussi bien qu'auparavant.

Cinq années passèrent, et le pays fut plongé dans une grande douleur, car tout le monde aimait vraiment beaucoup l'empereur ; il était malade et, disait-on, ne pouvait pas vivre ; un nouvel empereur était déjà élu, et les gens, dans la rue, demandaient au chevalier comment allait leur empereur.

– P ! disait-il, et il branlait la tête.

Froid et blême, l'empereur était couché dans son grand lit splendide. Toute la cour le croyait mort et s'empressait pour saluer le nouvel empereur ; les domestiques couraient partout répandre la nouvelle, et les servantes du château avaient grande réception et offraient du café. Des tapis étalés dans les salles et les couloirs étouffaient le bruit des pas, le château était tout à fait silencieux. Mais l'empereur n'était pas encore mort ; raide et blême, il était dans le lit splendide aux grands rideaux de velours et aux lourds glands d'or ; tout en haut une fenêtre était ouverte, et la lune éclairait l'empereur et l'oiseau mécanique.

Le pauvre empereur ne pouvait presque pas respirer, il lui semblait avoir un poids sur la poitrine ; il ouvrit les yeux, et vit que c'était la mort qui s'était assise sur sa poitrine, et elle avait mis sa couronne d'or, et tenait d'une main le sabre d'or de l'empereur, et de l'autre son magnifique drapeau ; et çà et là, dans les plis des grandes tentures de velours, perçaient d'étranges têtes, les unes hideuses, les autres d'une douceur délicieuse : c'étaient les bonnes et les mauvaises actions de l'empereur qui le regardaient, en ce moment où la mort pesait sur son cœur.

– Te rappelles-tu cela ? murmuraient-elles l'une après l'autre. Et cela ? Et cela ?

Et elles lui en disaient tant que la sueur lui perlait sur le front.

– Je n'en ai jamais rien su, disait

l’empereur ; musique, musique, le grand tam-tam chinois ! criait-il. Au moins je n’entendrai pas tout ce qu’elles disent.

Et elles continuaient, et la mort, à tout ce qui était dit, hochait la tête comme un Chinois.

– Musique, musique, criait l'empereur. Chante donc, toi, petit oiseau d'or béni, chante ! Je t'ai donné de l'or et de riches cadeaux, j'ai moi-même attaché à ton cou ma pantoufle d'or, chante donc, chante !

Mais l'oiseau restait muet, il n'y avait personne pour le remonter, et il ne chantait pas sans cela ; et la mort continuait à regarder l'empereur de ses grandes prunelles vides, et le silence devenait effroyable.

Alors s'éleva soudain, près de la fenêtre, un chant délicieux : c'était le petit rossignol vivant, qui était sur la branche, dehors ; il avait entendu les cris de détresse de son empereur, et il était venu lui chanter espérance et réconfort, et à mesure qu'il chantait, les apparitions pâlirent peu à peu, le sang circula plus vivement dans le corps affaibli de l'empereur, et la mort elle-même écouta, et dit :

– Continue, petit rossignol, continue !

– Bien, veux-tu me donner le magnifique sabre d'or ?... Bien, veux-tu donc me donner le superbe drapeau ?... Soit, mais il faut me donner la couronne de l'empereur !

Et la mort donna chaque joyau pour un chant, et le rossignol continua encore à chanter, et il chanta le cimetière paisible où poussent les roses sauvages, où le sureau embaume, et où l'herbe verte est arrosée par les larmes des survivants ; alors la mort eut désir de retrouver son jardin, et sortit par la fenêtre sous la forme d'un froid brouillard blanc.

– Merci, merci, dit l'empereur, céleste petit oiseau ! Je te reconnais bien. Je t'ai chassé de mon pays et de mon empire. Et pourtant tu as écarté de mon lit les vilaines visions, tu as délivré mon cœur de la mort. Comment pourrai-je te récompenser ?

– Tu m'as récompensé, dit le rossignol, j'ai tiré des larmes de tes yeux la première fois que j'ai chanté, jamais je ne l'oublierai ! Ce sont ces joyaux-là qui font du bien à un cœur de chanteur… ! mais dors maintenant, et reprends force et santé. Je vais chanter pour toi.

Et il chanta… et l'empereur s'endormit d'un bon sommeil tranquille et salutaire.

Le soleil brillait sur lui par la fenêtre, lorsqu'il se réveilla dispos et fortifié ; aucun de ses serviteurs n'était encore revenu, parce qu'ils croyaient qu'il était mort ; mais le rossignol était encore là et chantait.

– Il faut que tu restes toujours près de moi, dit l'empereur. Tu chanteras quand tu voudras, et l'oiseau mécanique, je le briserai en mille morceaux !

– Ne fais pas cela ! dit le rossignol. Il a fait le bien qu'il pouvait faire. Conserve-le toujours. Je ne peux pas m'installer au château, mais laisse-moi venir quand j'en aurai envie, et je viendrai le soir me poser sur la branche près de la fenêtre et chanter pour toi, afin de te rendre gai et pensif à la fois. Je chanterai sur les heureux et sur ceux qui souffrent. Je chanterai sur le bien et le mal que l'on tient cachés autour de toi. Le petit oiseau chanteur vole de tous les côtés, chez le pauvre pêcheur, sur le toit du paysan, chez tous ceux qui sont loin de toi et de ta cour. J'aime ton cœur plus que ta couronne, et de la couronne, pourtant, émane comme un parfum sacré… Je viendrai, je chanterai pour toi… mais il faut que tu me promettes une chose…

– Tout, dit l'empereur.

Il était debout dans son costume impérial, dont il s'était revêtu lui-même, et tenait contre son cœur le sabre tout chargé d'or.

– Je te demande de ne dire à personne que tu as un petit oiseau qui te dit tout, et tout ira mieux ainsi.

Et le rossignol s'envola.

Les serviteurs entrèrent pour voir leur empereur mort… Les voilà devant lui, et l'empereur leur dit :

– Bonjour !

FIN

L’auteur

Hans Christian Andersen est né à Odense, au Danemark, en 1805. Sa famille vit alors dans le plus grand dénuement. Il apprend à lire à l’école des pauvres de l’hospice d’Odense. Très jeune, il est employé dans des manufactures de drap et de tabac. En 1819, il part à Copenhague tenter sa chance. Il mène tout d’abord une vie de bohème et de misère puis rencontre des amis influents qui lui permettront d’obtenir une bourse pour étudier à l’université. Il publie ses premiers poèmes et commence à voyager : Allemagne, Suisse, France, Italie. De là naîtront ses premiers contes. Il fera ensuite paraître régulièrement ses recueils qui remporteront toujours un vif succès. Dans l’Europe entière, qu’il parcourt inlassablement, il est fêté et sollicité. Il meurt en 1875 à Copenhague. Son nom, comme celui des frères Grimm, est devenu synonyme de contes.

L'illustrateur

Né à Rouen en 1935, **Georges Lemoine** fait des études d'arts graphiques à Paris puis à Rabat, au Maroc. Il travaille pour la publicité, la presse et l'édition. Il expose régulièrement ses aquarelles et ses dessins dans les galeries d'art. Les contes et la poésie lui conviennent à merveille car il possède l'art de suggérer, d'évoquer et de créer un univers en contrepoint. Il a illustré de nombreux ouvrages de grands auteurs dont il se sent proche : Claude Roy, J. M. G. Le Clézio, Oscar Wilde, Jacques Roubaud…

« Ce conte tant de fois illustré, mis en musique (par Stravinsky), dansé… c'est un privilège que celui d'ajouter son nom sur la liste déjà longue des illustrateurs l'ayant rencontré, ayant croisé la route du génial conteur danois. Un livre au visage neuf, c'est un vrai bonheur, un voyage recommencé. »

Du même auteur

La petite fille aux allumettes
de H. C. Andersen illustré par Julie Faulques

La veille du jour de l'An, une petite fille marche seule et pieds nus dans le froid et dans la neige en serrant contre son cœur une petite boîte d'allumettes. Personne ne fait attention à elle : les passants sont pressés de rentrer chez eux préparer la fête. Pour tenter de se réchauffer un peu, la petite fille craque une première allumette, puis une autre…

FOLIO CADET

Découvre d'autres contes

Petits contes nègres pour les enfants des Blancs

de Blaise Cendrars illustré par Jacqueline Duhême

Connais-tu les histoires qu'écoutent les enfants d'Afrique ? Sais-tu d'où vient le vent ou ce que chantent les souris ? Veux-tu suivre le petit poussin qui va voir le roi et découvrir les mauvais tours de l'oiseau de la cascade ? Ces contes étonnants, pleins de malice et de sagesse, Blaise Cendrars le poète va te les raconter…

Contes pour enfants pas sages

de Jacques Prévert illustré par Laurent Moreau

Une autruche qui mange les cailloux du Petit Poucet, des antilopes mélancoliques, un dromadaire que l'on traite de chameau, un jeune lion qui se fâche avec le dompteur et des ânes qui prennent les hommes pour ce qu'ils sont. Ainsi va le monde pas sage du tout de Jacques Prévert.

La patte du chat

de Marcel Aymé illustré par Roland et Claudine Sabatier

Delphine et Marinette cassent un vieux plat en faïence. La punition tombe : elles iront dès le lendemain chez la méchante tante Mélina s'il ne pleut pas. Pour aider ses petites maîtresses, le chat Alphonse passe la patte derrière l'oreille. Il attire ainsi la pluie... et la colère des parents qui lui réservent un bien triste sort. Comment sauver Alphonse ? Les fillettes et les animaux de la ferme vont tenir conseil.

Le problème

de Marcel Aymé illustré par Roland et Claudine Sabatier

La maîtresse a donné un problème très difficile. Si Delphine et Marinette ne trouvent pas la solution avant ce soir, les parents vont se fâcher. Les fillettes lisent aussitôt l'énoncé aux animaux de la ferme qui restent perplexes. Mais voici la petite poule blanche qui a une idée très intéressante…

La Belle et la Bête

de Madame Leprince de Beaumont
illustré par Chloé Cruchaudet

Il était une fois une jeune fille si jolie qu'on l'avait surnommée la Belle. Pour sauver son père des griffes d'un monstre incroyablement laid, la Belle doit se sacrifier. N'écoutant que son courage, elle part vivre auprès de la Bête dans un château lugubre au fond d'un bois touffu…

Comment Wang-Fô fut sauvé

de Marguerite Yourcenar illustré par Georges Lemoine

Voici l'histoire de Wang-Fô, le fameux peintre chinois. Ses tableaux étaient si beaux qu'on les disait magiques. Un jour, l'empereur convoqua le vieux maître qu'il admirait tant pour le menacer d'un terrible châtiment.

Le petit garçon qui avait envie d'espace

de Jean Giono illustré par François Place

Un petit garçon se promène avec son père, mais les haies qui bordent le chemin l'empêchent de voir paysage. Bien sûr, il peut atteindre les plus hautes branches des arbres, mais cela ne suffit pas. Le soir venu, ses rêves le conduisent au pied d'un arbre. Il grimpe tout en haut puis s'envole, libre comme un oiseau.

L'homme qui plantait des arbres

de Jean Giono illustré par Olivier Desvaux

En Provence, dans une région aride et sauvage, un berger solitaire plante des arbres, des milliers d'arbres. Alors, au fil des ans, les collines autrefois nues reverdissent et les villages désertés reprennent vie. Voici l'histoire d'Elzéard Bouffier, le silencieux, le méticuleux, l'homme qui réconcilie l'homme et la nature.

Pierrot ou les secrets de la nuit

de Michel Tournier illustré par Danièle Bour

Pierrot le boulanger aime Colombine, son amie d'enfance, sa jolie voisine. Colombine est blanchisseuse et travaille le jour. Petit à petit, elle se lasse de cet amoureux qui travaille pendant que les autres dorment. Passe Arlequin, le peintre aux couleurs de l'arc-en-ciel…

Voyage au pays des arbres

de J. M. G. Le Clézio illustré par Henri Galeron

Un petit garçon qui s'ennuie et qui rêve de voyager s'enfonce dans la forêt, à la rencontre des arbres. Il prend le temps de les apprivoiser, surtout le vieux chêne qui a un regard si profond. Il peut même les entendre parler. Et quand les jeunes arbres l'invitent à leur fête, le petit garçon sait qu'il ne sera plus jamais seul.

La chèvre de M. Seguin

de Alphonse Daudet illustré par François Place

« Ah ! Gringoire, qu'elle était jolie la chèvre de M. Seguin ! qu'elle était jolie avec ses yeux doux, sa barbiche de sous-officier, ses sabots noirs et luisants, ses cornes zébrées et ses longs poils blancs qui lui faisaient une houppelande !… Un amour de petite chèvre… »

Histoires comme ça

de Rudyard Kipling illustré par Étienne Delessert

Sais-tu comment le chameau a eu sa bosse, le léopard ses taches, le rhinocéros sa peau plissée ou l'enfant d'éléphant sa trompe ? Veux-tu savoir comment les animaux sont devenus ceux que l'on connaît ? Lis leurs aventures. Tu découvriras que toute chose a une explication logique ou drôle…

Maquette : Laure Massin et Karine Benoit

ISBN : 978-2-07-512398-3
N° d'édition : 346509
Loi n° 49-956 du 16 juillet 1949
sur les publications destinées à la jeunesse
Premier dépôt légal : septembre 1988
Dépôt légal : mars 2019
Imprimé en Espagne par Novoprint (Barcelone)